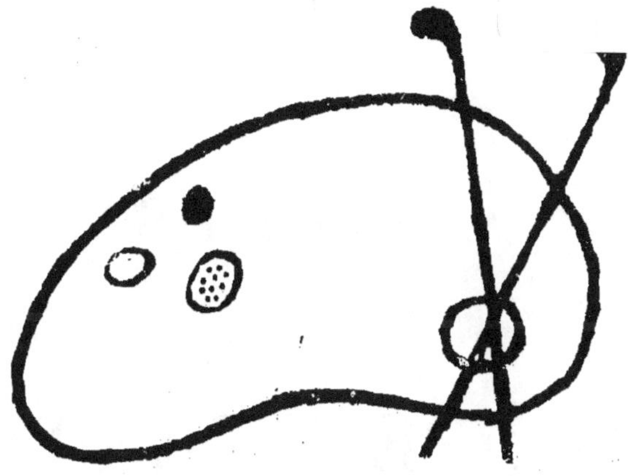

Début d'une série de documents
en couleur

PAUL FOURNIER

ÉTUDES

sur

LES PÉNITENTIELS

II-III

Extrait de la *Revue d'histoire et de littérature religieuses*,
t. VII, 1902, n°s 1, 2.

MACON

PROTAT FRÈRES, IMPRIMEURS

1902

La *Revue d'histoire et de littérature religieuses* paraît tous les deux mois, par fascicules de six feuilles d'impression (96 pages), et forme chaque année un fort volume de 568 pages environ.

Conditions de l'abonnement :

France et colonies........   10 fr. »   par an.
Étranger................   12 fr. 50   —
Un numéro pris séparément,   2 fr. 50.

Adresser les abonnements et toute communication à l'*Administration de la Revue d'histoire et de littérature religieuses*, 74, boulevard Saint-Germain, Paris, 5ᵉ.

Le meilleur mode d'envoi est un mandat-poste ou un chèque à vue sur Paris. Si l'on préfère que nous fassions opérer le recouvrement, l'abonné aura, dans ce cas, à payer, *en plus*, pour les frais, 0 fr. 50 pour la France, et 1 franc pour l'Europe.

Les abonnements partent du mois de janvier et sont exigibles après la publication du premier numéro de chaque année.

MM. les Éditeurs de l'étranger sont priés d'envoyer franco et directement (non par commissionnaire), à la Revue d'histoire et de littérature religieuses, 74, *boulevard Saint-Germain, Paris,* 5ᵉ, *les ouvrages dont ils désirent un compte rendu.*

Les droits de propriété, de traduction et de reproduction sont expressément réservés.

La *Revue d'histoire et de littérature religieuses* est purement historique et critique.

MACON, PROTAT FRÈRES, IMPRIMEURS

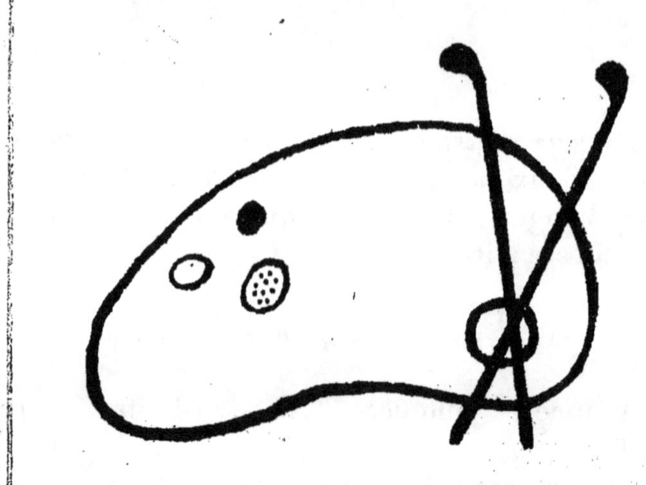

Fin d'une série de documents
en couleur

II

LE PÉNITENTIEL *VALLICELLANUM SECUNDUM*

Le manuscrit C 6 de la Vallicellane, provenant de la célèbre abbaye bénédictine de Nursie, contient [2] (fol. 189 et s.) un pénitentiel que Mgr Schmitz a publié intégralement sous le nom de *Paenitentiale Vallicellanum II*um [3]. Il le classe d'ailleurs dans la catégorie des Pénitentiels Romains. Il importe, afin d'apprécier la valeur de cette opinion, d'examiner en détail l'origine des canons pénitentiels contenus dans le *Vallicellanum II*um.

CHAPITRE PREMIER

La première conclusion qui résulte de cet examen peut être ainsi formulée :

La grande majorité des canons du *Vallicellanum II*um dépend des pénitentiels tripartites, le *Sangallense* et les *Judicia Paenitentiae*, Mgr Schmitz l'a constaté pour un

1. Cf. *Revue*, VI (1901), 289.
2. D'après les renseignements que me communique, avec son obligeance habituelle, M. le comte Ugo Balzani, la partie de ce manuscrit qui contient notre pénitentiel peut dater de la fin du XIe siècle.
3. SCHMITZ, *die Bussbücher*, I, p. 342 et ss. Wasserschleben n'en a publié que les dix premiers chapitres (*Die Bussordnungen*, p. 548-550, n. VIII-XVII).

certain nombre de canons : je crois qu'on peut faire les mêmes constatations pour beaucoup d'autres canons qu'il n'a point mentionnés. Voici les observations qui m'ont amené à cette conclusion.

Le c. 3 reproduit la décision d'un canon du *Sangallense* et des *Judicia* (Schmitz, II, p. 179, n° 1, et p. 218, I, 1).

Le c. 4 provient (on peut le constater malgré certaines altérations) d'une décision des mêmes recueils (*Ibid.*, p. 179, n° 1, et p. 218, I, 1).

Le c. 5 provient d'une décision de Cumméan (*Ibid.*, p. 185, n° 1, et p. 219, I, 3). Il ajoute à cette décision la réclusion dans un monastère.

Le c. 10 (qui est aussi le c. 3 du *Vallicellanum I*^{um}) reproduit une décision canonique des mêmes recueils (*Ibid.*, p. 180, n. 11, et p. 218, I, 1).

Le c. 11, sur l'assassinat de l'évêque et du prêtre, reproduit un *judicium Theodori* des recueils tripartites ; il en aggrave d'ailleurs la dernière sanction (cf. Schmitz, II, p. 182, n. 6, et p. 219, I, 2).

Le c. 12 procède aussi d'un *judicium Theodori* qui figure dans les recueils tripartites (*Ibid.*, p. 183, n. 6, c, et p. 219, I, 2). Il faut remarquer que ce canon, qui traite de l'homicide *pro vindicta*, aggrave la sanction donnée par le texte de Théodore (7 ans au lieu de 3 ans de pénitence) ; or pour justifier cette aggravation, il invoque un canon de Nicée évidemment apocryphe.

La première décision du c. 13 reproduit un canon des mêmes recueils (*Ibid.*, II, p. 183, 6 f, et p. 219, I, 2). La seconde partie ne se rencontre que dans les *Judicia* (p. 219, I, 2). Ces deux dispositions tirent leur origine des collections de Théodore.

Le c. 14 reproduit un *judicium Theodori* qui figure dans les *Judicia* (p. 219, 2 in fine ; cf. p. 182, n. 3).

Le c. 15 reproduit, avec quelques variantes dans

diverses sanctions, un *judicium canonicum* (Schmitz, II, p. 182, n. 39 ; p. 219, II, 1).

Le c. 16 figure dans les textes de Cumméan (p. 219, II, 2).

Le c. 17 reproduit le début d'un *judicium* appartenant à la série de Cumméan (p. 185, n. 6, et p. 224, VII, 11). Cette décision concerne l'évêque coupable de fornication ; elle a été complétée en ce qui concerne l'évêque coupable d'adultère ou d'inceste. La peine de la déposition portée par notre canon pour ces deux cas est déjà indiquée dans des textes de la série canonique des tripartites (p. 179-180, n. 4 et 6 ; p. 222, VII, 3 et 5). La réclusion dans un monastère est une peine ajoutée par notre pénitentiel.

Le c. 21 reproduit la décision d'un canon de la série de Théodore (p. 227, X, 1).

Il en est de même du c. 22 qui reproduit une décision voisine de la précédente (*Ibid.*).

Le c. 23, avec des différences de détail, provient aussi de la série théodorienne des *Judicia* (p. 228, X, 2).

Il en est de même du c. 24 et du c. 25 (p. 227, X, 1).

Le c. 26 reproduit un canon de la série des *Judicia canonica* sur le rapt (p. 180, n. 10, et p. 224, VIII, 1).

Le c. 27 procède, malgré de légères différences, d'un *judicium canonicum* (p. 224, VIII, 2).

Le c. 28 reproduit le texte de la série canonique qui figure dans les *Judicia* (p. 225, VIII, 3).

Le c. 29 reproduit un texte de la série de Théodore (p. 182, n. 5, et p. 220, III, 2, 1re partie).

Quelques-unes des décisions du c. 31 se retrouvent dans les séries de canons théodoriens (p. 183, n. 11 et s., et p. 223, VII, 10).

Le c. 32 reproduit, avec des sanctions quelque peu modifiées, un *judicium canonicum* (p. 179, n. 2, et p. 222, VII, 1).

Le c. 33 reproduit le texte qui suit immédiatement le précédent dans la série des *Judicia canonica* (p. 179, n 3 ; p. 222, VII, 2).

Le c. 34 reproduit de même, avec de légères modifications, le texte qui suit dans les mêmes séries (p. 179, n. 4, et p. 222, VII, 3).

Même observation pour les c. 35 et 36 (p. 180, n. 5 et 6, et p. 223, VII, 4 et 5).

Le c. 37 reproduit, toujours avec une modification des sanctions (ici elles sont adoucies) un texte de la même série canonique (p. 180, n. 9, et p. 223, VII, 8).

Le c. 38, avec une modification du chiffre des années de pénitence, reproduit la fin d'un texte des *Judicia canonica* (p. 224, VII, 10).

Le c. 39 figure dans la série théodorienne des *Judicia* (p. 226, IX, 1).

Le c. 40 est très vraisemblablement tiré des *Judicia*, canon *Si quis menstruo* (p. 226, IX, 2).

Le c. 42, sur le vol, reproduit avec quelques modifications un canon de la série canonique (p. 180, n. 15, et p. 232, XII, 1).

Sur le c. 45, voir un *judicium canonicum* (p. 234, XV, 1). Les c. 46, 47 et 48 procèdent du même texte.

Les c. 56, 58 et 59 reproduisent des décisions contenues dans un *judicium canonicum* (p. 236, XVI, 1).

Il en est de même du c. 60 (p. 236, XVI, 3) et du c. 61 (p. 181, n. 23, et p. 237, XVII, 1).

Le c. 62 est analogue à une autre décision des *Judicia canonica* des pénitentiels tripartites (p. 181, n. 21, et p. 237, XVIII).

Le début du c. 63 (sur l'usure) reproduit un *judicium canonicum* bien connu (p. 182, n. 36, et p. 238, XX, 1). La suite de notre canon est indépendante des *Judicia* des Pénitentiels tripartites.

Les c. 64-68 répondent à des décisions de la série

théodorienne des *Judicia Paenitentiae* (p. 240, XXIII, 1).
Ils sont particulièrement conformes au texte du manuscrit
de ces *Judicia* conservé dans la bibliothèque de Heiligenkreuz, près Vienne.

Les c. 69 et 70 se retrouvent dans la même série
(p. 240, XXIII, 2).

Le c. 71 appartient à la série de Cumméan (p. 241,
XXIII, 3).

On reconnaît dans le c. 72 l'influence d'un texte de la
série canonique (p. 245, XXIX, 1) et d'un texte de la série
de Cumméan (p. 246, XXIX, 3).

Le c. 73 reproduit la première partie d'un texte de la
série théodorienne (p. 247. XXXII).

Le c. 74 reproduit, en l'amplifiant, la fin du texte pré
cédent.

Le c. 75 est inspiré par diverses décisions qui figurent
dans le c. XXXIII des *Judicia Paenitentiae* (p. 248).

Les c. 77 à 81, sur le *negligentia erga sacrificium*, procèdent de diverses décisions qui figurent dans les *Judicia
Paenitentiae* (p. 249, XXXIV, 1).

En somme, sur les 83 canons qui composent le *Vallicellanum I*um, 59 procèdent, avec des modifications de
détail, des pénitentiels tripartites, probablement du
pénitentiel intitulé *Judicia Paenitentiæ* oú d'un recueil
analogue [1].

Sans doute, dans plusieurs de ces canons, la sanction
indiquée par les *Judicia Paenitentiae* a été modifiée, tantôt
pour être aggravée, tantôt pour être atténuée. Sans doute
aussi l'auteur de ces remaniements y a accentué une
certaine prédilection pour le procédé de pénitence qui
consiste dans la réclusion dans un monastère. Mais en
dépit de ces modifications, il est impossible à quiconque

---

1. Mgr Schmitz n'avait constaté que pour 14 canons du *Vallicellanum II*um.

y regardera de près de méconnaître l'air de famille qui se manifeste entre ces canons et les *Judicia Paenitentiae*. En grande majorité les canons du *Vallicellanum II*um dérivent des textes d'origine canonique, celtique ou anglo-saxonne qui étaient en usage dans l'Empire franc[1].

CHAPITRE II

Si l'on retranche du *Vallicellanum II*um les 59 canons ci-dessus énumérés, il reste 24 canons qui, pour la plupart, ne semblent point se rattacher aux recueils tripartites répandus au viiie siècle dans la Gaule franque.

Il ne m'a pas été donné de déterminer l'origine de chacun de ces 24 canons. Toutefois, des observations que j'ai faites sur un certain nombre d'entre eux résultent des conclusions qui ne laissent pas d'être instructives.

Le canon 7 est un pseudo-canon du concile de Chalcédoine, déterminant la pénitence du mari qui tue sa femme (même au cas où il pouvait la tuer *juxta mundanam legem*) et de la femme qui tue son mari. On sait que le crime du mari qui tue sa femme a appelé, au ixe siècle, l'attention des divers conciles, notamment du concile de Tribur[2]. Or ce pseudo-canon de Chalcédoine se retrouve dans plusieurs collections canoniques italiennes. C'est ainsi qu'il figure :

1° Dans la collection inédite en cinq livres du Vatic. 1339, rédigée (au moins en sa forme définitive) au xie siècle. Cette collection paraît originaire de l'Italie centrale ou

---

1. Remarquez l'analogie du début du c. 18 avec le texte du canon de Néocésarée qui se trouve dans l'*Herovalliana* (PETIT, p. 140). Ce texte n'est ni le texte isidorien ni le texte dionysien.

2. Cf. c. 46 du concile de Tribur (895).

méridionale ; notre texte y forme le c. 112 du livre IV [1] ;

2° Dans la collection du manuscrit 300 de la Ricardiana de Florence (xr[e] siècle) qui provient en grande partie de la collection en cinq livres [2] ;

3° Dans la seconde collection du manuscrit B. v. 17 de la Casanatense, qui date du xie siècle [3]. Notre texte se trouve à la fin de cette seconde collection dans une série qui ressemble beaucoup à une portion de la collection de la Ricardiana.

J'imagine que le pseudo-canon de Chalcédoine qui forme le c. 7 du *Vallicellanum II*[um] doit se retrouver dans la plupart des collections italiennes issues de la collection en cinq livres du Vatic. 1339 [4].

Le c. 8, intitulé *De Septem genera nolentia homicidiorum*, figure aussi, à peu de distance du précédent (IV, 114), dans la collection en cinq livres. Il suit le pseudo-canon de Chalcédoine dans les recueils précités de la Ricardiana et de la Casanatense [5].

Le c. 41, pseudo-canon de Nicée, contre les mariages contractés entre parents, forme le c. 226 du livre IV de la collection du Vatic. 1339. Il figure aussi dans le recueil de la Ricardiana qui en procède. Le texte de ces collections, moins long que celui de notre pénitentiel, s'arrête à ces mots : *perpetrationes peccati.*

Le c. 44, sur le sacrilège, reproduit avec quelques

1. Voir sur cette collection, l'article *De l'influence de la collection irlandaise sur la formation des collections canoniques*, et les références qui y sont données dans la *Nouvelle Revue historique du droit français et étranger*, XXIII (1899).

2. Voir le même article.

3. Voir le même article.

4. Celles de ces collections qui sont connues sont indiquées dans l'article précité.

5. Les distinctions en matière d'homicide, suivant les circonstances et le degré de responsabilité du coupable, sont particulières aux canonistes de la fin du ixe siècle et du xe. Voyez, par exemple, les c. 25 et s. du concile de Worms (868).

développements en plus [1] le c. 2 du pénitentiel dit de Grégoire III, qui semble bien avoir été rédigé en Italie.

Les c. 52 et 53 (*de traditoribus hominum, de traditoribus castelli*) figurent :

1° Dans la collection du ms. Vallicellan. F. 92, où ils ont trouvé place dans un court recueil d'origine italienne qui suit le *Corrector* de Burchard de Worms [2] ;

2° Et aussi dans le ms. en écriture lombarde qui porte à la Vallicellane la cote F. 2, manuscrit du xiie siècle, qui contient des textes canoniques

Le c. 55, pseudo-canon de Nicée contre ceux qui brûlent ou profanent les églises, figure aussi dans la collection de la Ricardiana qui provient de la collection en cinq livres, et sans doute aussi dans cette collection.

Le c. 72 sur le blasphème se retrouve avec quelques différences de détail dans la collection du Vatic. 1339, livre IV, c. 269 [3].

En réalité, voici huit canons, dont nous pouvons dire avec certitude qu'ils appartiennent aux collections répandues en Italie au xie siècle, collections qui, à ma connaissance, ne se retrouvent pas en dehors de l'Italie et sont apparentées à la collection italienne en cinq livres.

---

1. Il y ajoute notamment deux phrases, placées à la fin du texte, d'après lesquelles l'église au préjudice de laquelle un vol a été commis ne doit point chercher dans ce vol une occasion d'enrichissement. Ces deux phrases se retrouvent dans l'*Herovalliana*, p. 268. Cela exclut les restitutions au double ou au quadruple si souvent mentionnées dans d'autres pénitentiels ou dans des conciles du ixe siècle. Voyez par exemple, le concile de Toul de 860, c. 2, et celui de Tribur.

2. Texte publié par WASSERSCHLEBEN, *Die Bussordnungen*, p. 687, sous les n°s 21 et 22 de ce recueil. Le n° 21 est précédé de l'inscription : *Synodus Romana.*

3. Cf. THEINER, *Disquisitiones criticae in praecipuas canonum et decretalorum collectiones*, p. 296.

CHAPITRE III

En somme, nous avons découvert dans le *Vallicella-num II*um une masse de dispositions tirées des pénitentiels en usage dans l'Église franque, qui ont été transportées en Italie dès l'époque carolingienne [1], et un certain nombre de textes qui peuvent être considérés comme spéciaux aux récueils italiens. Il n'est donc pas téméraire d'en conclure que notre pénitentiel est lui-même d'origine italienne, ce qu'indique d'ailleurs la provenance du manuscrit qui le contient.

Si l'on veut se former une opinion sur la date de ce pénitentiel, il convient tout d'abord de remarquer le canon 6, prévoyant comme un crime particulièrement grave l'assassinat du *senior* par son *vassus* ; or, ce n'est pas avant la fin du viiie siècle et le commencement du ixe que l'institution du séniorat prend une très grande importance. Nous ne saurions donc remonter plus haut pour chercher la date de notre pénitentiel.

A mon sens, nous devons descendre plus bas, et voici quelles raisons m'inclinent à cette opinion. Nombre de canons imposent, à titre de pénitence, la réclusion dans un monastère ; sans doute, c'est une pénitence pratiquée depuis longtemps, mais elle est plus souvent mentionnée dans les textes de la seconde moitié du ixe siècle et du commencement du xe [2]. Le compilateur du *Vallicella-*

---

1. Aux manuscrits conservés dans les pays germaniques (S. Gall, Heiligenkreuz, Munich) des *Capitula judiciorum*, il faut joindre un manuscrit du ixe siècle qui est conservé au chapitre de Verceil (n. 201), où notre texte suit le recueil d'Halitgaire, évêque de Cambrai.

2. MORIN, *Commentarius historicus de disciplina in administratione sacramenti Paenitentiae* (Anvers, 1682), p. 474. — Voir notamment les textes cités par lui, de BENOIT le Diacre (II, 71 à 90), et ISAAC de Langres, *Capitula*, IV, 5.

*num II*um était en outre évidemment préoccupé d'établir
des distinctions entre les divers cas d'homicide, suivant
les circonstances du fait [1]. Il classait à part, comme un
crime particulièrement grave, le meurtre des membres du
clergé [2]. Il refusait au mari outragé le droit, que lui lais-
saient trop souvent les lois séculières, de mettre à mort
la femme coupable [3]. Il punissait sévèrement les sacri-
lèges, tels que la violation des églises ou le pillage
des biens consacrés à Dieu [4]. Sur tous ces points, les documents canoniques de la période qui s'ouvre avec les Faux
Capitulaires et les Fausses Décrétales, c'est-à-dire vers 850,
et se poursuit jusques au millieu du xe siècle, insistent avec
une indéniable énergie [5]. Enfin on rencontre, dans notre
pénitentiel plusieurs canons apocryphes de Nicée et de
Chalcédoine ; or, la période qui vient d'être mentionnée
est féconde en apocryphes de ce genre. Je ne rappellerai
pas ici les collections apocryphes de Benoît le Diacre et
d'Isidore ; qu'il me suffise de mentionner, en dehors de

1. C. 8; cf. c. 1-6.
2. C. 11.
3. C. 7.
4. C. 44, 54, 55.
5. Pour trouver un exemple des distinctions que l'on s'efforce d'établir en matière d'homicide, voyez les c. 25 et s. du concile de Worms
(868) et diverses dispositions du concile de Tribur (895). Sur le meurtre
des membres du clergé, voyez les textes des Capitulaires, du concile de
Mayence (847), du concile de Worms (868), réunis dans le livre II de
Réginon (*de Synodalibus causis*, c. 41 et s., de l'édition Wasserschleben), et joignez-y le c. 5 du concile de Tribur (895). Sur la condam-
nation portée par l'Église contre les maris qui se croient en droit de
tuer leurs femmes adultères, voyez le c. 46 du concile de Tribur. Enfin
il y a toute une série de textes sur le sacrilège, à commencer par
Benoît de Diacre, II, 404. Voyez, à titre d'exemple, en le comparant à
notre c. 54, le c. 5 d'un concile romain tenu entre 871 et 878 (Maassen,
Sitzungsberichte de l'Académie Impériale de Vienne, classe de philos. et
d'hist., XCI, p. 783); joignez-y la lettre de Jean VIII, écrite en 878
aux évêques de Narbonaise et d'Espagne (Jaffé-Wattenbach,
n. 3180.

ces compilations, les canons apocryphes de Carthage, de Laodicée, d'Ancyre et de Tolède qui figurent dans un recueil du xe siècle (Bibl. Nat., Latin 2449)[1] et aussi à la fin d'un manuscrit des capitulaires d'Ansegise datant du xe siècle et provenant de S. Remi de Reims[2]. On peut citer encore les canons apocryphes d'Ancyre et d'Agde qui figurent dans un recueil de la même époque, minutieusement analysé par Philipps[3], les faux canons de Chalcédoine, de Tolède, d'Agde, d'Orléans, d'Ilerda, qui datent du même temps et que Victor Krause a rencontrés dans plusieurs manuscrits[4]; peut-être aussi le pseudo-canon de Constantinople sur les homicides, qui a pris place plus tard dans le *Paenitentiale Romanum* publié par Antoine Augustin[5], dans le livre IV, c. 116 de la collection en cinq livres du Vatic. 1339[6], et qui a pénétré jusque dans certaines formes du recueil d'Anselme de Lucques[7]. Cette période a vu croître toute une végétation de canons apocryphes, indépendants d'ailleurs des compilations isidoriennes. Sur ce point encore, le *Vallicellanum II*[um] est à l'unisson des compilations du xe siècle.

---

1. Voir le mémoire : *Un groupe de recueils canoniques inédits du Xe siècle* dans les *Annales de l'Université de Grenoble*, XI (1899).

2. Manuscrit 163 des manuscrits de Meermann conservés à la Bibliothèque royale de Berlin (autrefois ms. 1762 de sir Thomas Phillips), provenant de Reims, xe siècle, fol. 137 v°. Voir *die Hand-schriften-Verzeichnisse der Königlichen Bibliothek zu Berlin*, XII; *Verzeichniss die Latinischen Handschriften*, par Valentin ROSE, p. 359.

3. *Sitzungsberichte* de l'Académie Impériale de Vienne, classe de philos. et d'hist., XLIV, p. 473.

4. *Neues Archiv*, XVII, p. 297, 299, 303, 309.

5. C. 14 de ce Pénitentiel qui, dans sa forme actuelle, date du XIIe siècle et qui n'est nullement un recueil officiel de l'Église romaine. (Cf. Antoine AUGUSTIN, *Canones Paenitentiales*. Venise, 1584, p. 1).

6. THEINER, *Disquisitiones*, p. 299.

7. Ainsi ce texte constitue le c. 47 du livre XI d'Anselme de Lucques dans le ms. de la Bibl. Nat., Latin 12451.

En résumé, le *Vallicellanum II^{um}* est, à mon avis, l'œuvre d'un canoniste italien qui, vraisemblablement, au xe siècle (peut-être même au commencement du xie) a réuni un grand nombre de *judicia paenitentiae* en usage dans les pays autrefois soumis à l'Empire franc, en a modifié quelques-uns pour les mettre au goût de son temps ou à son goût personnel, et y a ajouté plusieurs canons (parmi lesquels plusieurs textes apocryphes) qui, à cette époque, circulaient en Italie. Rien ne nous autorise à croire que ce canoniste ait été un Romain. En tout cas, la discipline dont il réunit les règles ne saurait nullement être présentée comme une discipline romaine, puisqu'elle est faite en très grande partie de dispositions provenant de l'Église franque. Ainsi le *Vallicellanum II^{um}* ne mérite pas le nom de Pénitentiel Romain.

III

LE PÉNITENTIEL *CASINENSE*

Mgr Schmitz a publié, d'après le manuscrit 372 du
Mont-Cassin (manuscrit du x{^e}-xi{^e} siècles, écrit en caractères lombards), un recueil en 105 canons qu'il range
parmi les pénitentiels du groupe Romain. Ce pénitentiel
est intitulé *Paenitentiale Summorum Pontificum*; mais
ce n'est pas l'autorité, d'ailleurs fort contestable, de ce
titre qui a déterminé l'opinion de Mgr Schmitz. La raison
d'après laquelle il s'est décidé est la conformité qu'il a
constatée entre ce pénitentiel et les pénitentiels *Vallicellanum I*um et *II*um, attribués par lui au groupe romain. Il
y a reconnu, en effet, 62 canons qui appartiennent au
*Vallicellanum I*um et 41 qui figurent dans le *Vallicellanum II*um.

L'étude sur les deux pénitentiels Vallicellans dont j'ai
soumis les résultats au lecteur m'a amené à voir dans le
*Vallicellanum I*um un recueil des textes représentant la
législation pénitentielle en usage dans l'Église franque
dans la seconde moitié du viii{^e} siècle et au commencement du ix{^e}. Le *Vallicellanum II*um procède en grande
partie des mêmes sources. Je ne saurais donc admettre
que la conformité du recueil du Mont-Cassin avec l'un ou
l'autre de ces pénitentiels soit l'indice, pour ce recueil,
d'une origine romaine.

Au surplus l'examen attentif du Pénitentiel du Mont-Cassin montre que les éléments dont il est composé sont à peu près exclusivement empruntés aux pénitentiels tripartites de l'Église franque, ce qui explique surabondamment les rapports qui existent entre ce pénitentiel et les pénitentiels Vallicellans, notamment le *Vallicellanum I*[um].

CHAPITRE I

On trouvera indiqués dans la liste suivante les rapports de filiation qui me paraissent exister entre un très grand nombre de canons du Pénitentiel du Mont-Cassin et les *Capitula judiciorum* tripartites.

Casinense	Capitula judiciorum	Casinense	Capitula judiciorum
1	I, 1	14	IX, 2
2	I, 3	15	X, 1
3	I, 1	16	VII, 7
4[1]	I, 2	19	VII, 5
5	I, 2	20	VII, 2
6[2]	I, 2	27[3]	
7	I, 2	28	
8	I, 2	29	x, 2, 3 et 4
9	I, 2	30	
10	II, 1	31	
11	VII, 1	32	
12	VII, 11	33	XV, 1
13	VII, 13	34	XV, 3

1. Ce c. 4 est ainsi conçu : Si quis per iram homicidium fecerit, X ann. peniteat. Or, on lit dans les *Capitula judiciorum*, ms. d'Heiligenkreuz : Qui occiderit hominem per rixam, X ann. penit (Schmitz, II, p. 219, n° 2). Il semble bien que la première de ces dispositions reproduise la seconde avec une légère altération.

2. Avec une addition.

3. Au début du c. 26 du *Penit. Casin.*, il y a un souvenir de XXII, 1.

Casinense	Capitula judiciorum	Casinense	Capitula judiciorum
35	XV, 1	55	III, 1
36	XV, 4	56	VIII, 3
38 [1]	XXX, 1	57	XVI, 4
39	XXIX, 1	58 [8]	XVII, 1
40	XXVII, 1	59	I, 2
41	XXVI, 1 *in fine*	60	XVIII, 1
42	XXII, 2	61 [9]	XXIII, 2
44 [2]	XXII, 1	62 [10]	X, 1
45 [3]	XX, 2	64	XXIII, 2
46	XXII, 2	65 [11]	IX, 3
47	XXII, 1	66	XI, 2
48	XX, 1	67	V, 1
49	XI, 2	68, 69 et 70	XVI, 1
50 [4]	IX, 1	71	XIX, 1
51 [5]	X, 5	74	XIII, 1
52	III, 1	75	XII, 1 et 2
53 [6]	III, 2	76, 77 et 78 [12]	XII, 1
54 [7]	IV, 1	79 [13]	XIII, 1

1. Le texte est conforme à la leçon du manuscrit des *Capitula judiciorum*, conservé à Heiligenkreuz.

2. Avec des modifications.

3. Avec une addition.

4. N'est pas conforme au manuscrit de Heiligenkreuz qui omet ce passage, donné par les autres manuscrits.

5. Décision en désaccord avec la décision bien connue qui est répandue sous le nom de saint Grégoire.

6. Le c. 52 et le c. 53 ne se retrouvent pas dans la forme de Heiligenkreuz.

7. Notre pénitentiel ajoute que trois des dix années de pénitence devront être faites au pain et à l'eau. La disposition reproduite par le canon 54 ne se trouve pas dans le manuscrit d'Heiligenkreuz.

8. Avec quelques modifications légères.

9. La pénitence est aggravée pour le premier des deux péchés prévus par ce canon.

10. Avec une addition qui se retrouve dans le c. 25 du livre VIII de la collection du Vatic. 1349.

11. Avec quelques modifications.

12. Différence de sanction ; la sanction est plus douce dans le recueil du Mont-Cassin.

13. Cinq ans au lieu de trois ans.

Casinense	Capitula judiciorum	Casinense	Capitula judiciorum
81-85	XXIII, 1	94	XXVI, 1
87 [1]	XI, 1		XXXII, 1
88 (1re partie)	XXIII, 1	95	XXXIV, 2
89	XXIII, 2	96, 97, 98	XXVI, 1
90	XXXIII, 1	99 et 100	XXXIV, 1
91 [2]	XXXIV, 1	103	XXXV, 3
93	XXVI, 1		

Je puis ajouter que cinq canons sont apparentés à des
dispositions insérés dans les pénitentiels reçus en Gaule,
quoiqu'ils ne se rattachent pas à des canons compris
dans les *Judicia Paenitentiæ*. Ce sont les canons sui-
vants :

18 = *Theod.*, I, II, 16 (fin du c. 20 du *Vallicell. I*).

21 = *Theod.*, I, II, 19.

22 = *Vallicell.*, I, 21 ; Mersebourg, 60. (Ce texte procède
     du c. 40 du pénitentiel de Vinnian.)

80 reproduit, en en aggravant la sanction, la disposition
     des trois pénitentiels suivants : *Bourgogne*, 23 ; *Merse-*
     bourg, 21 et *Vallicell.*, I, 61.

102 = *Theod.*, I, XII, 6 [3].

En somme, sur les 105 canons du Pénitentiel du Mont-
Cassin, 85 sont apparentés étroitement à des dispositions
appartenant à l'un des trois éléments (*Canonicum*, *Theo-*

---

1. Le texte de ce canon, tel qu'il est publié par Mgr Schmitz, contient une grossière erreur : *postsquam secundo voverit*, au lieu de *post-*
quam se Deo devoverit.

2. Avec des altérations. Il y a dans ce texte une allusion aux
usages de l'Église grecque.

3. Je ne serais pas éloigné de penser que le c. 101 : *Ad presbyterum*
missas celebrare II conceditur est une forme modifiée de la règle de
Théodore : *In uno altari duas missas facere conceditur* (II, 1, 2). On
s'est servi du canon de Théodore, en le modifiant, pour exprimer une
autre règle du droit.

dori, Cummeani) qui forment les *Capitula paenitentiæ*, recueil franc de la seconde moitié du VIIIe siècle. En outre, cinq se rattachent à des canons figurant dans d'autres pénitentiels reçus à la même époque dans l'empire franc. Ainsi pouvons-nous nous considérer comme certain que la discipline dont le pénitentiel du Mont-Cassin est l'expression tire son origine principale des usages reçus dans l'église franque et non des usages spéciaux à l'Église romaine.

CHAPITRE II

Parmi les quinze canons qui n'ont pas été énumérés ci-dessus, plusieurs présentent des caractères qui méritent d'être relevés.

Le c. 25 est ainsi conçu : Si quis sacerdos cum filia spirituali fornicaverit, vendat omnia sua et det pauperibus et serviat in monasterio et deponatur, et similiter illa femina faciat. Le même crime est prévu par les c. 43 et 45 du livre IX de la collection du Vatic. 1349. Le c. 43 impose au prêtre coupable la pénitence suivante : Si quis sacerdos cum filia sua spirituali fornicaverit, sciat se grave (adulterium commisisse)... Apprehendat peregrinationem XV annis et postea vadat in monasterio, et cunctis diebus vite sue serviat Deo. Le c. 45 s'exprime ainsi : Exul fiat XV annis peregrinatione et postea in monasterio peniteat usque ad mortem. C'est à la même famille de dispositions que se rattache le texte de Gratien, C. 30, Q. 1, c. 9.

La seconde disposition du c. 26 (défense de manger avant la troisième heure les dimanches et les jours de fête) est apparentée au c. 65 des *Capitula* de Martin de Braga : une règle analogue se retrouve dans les *Responsa* du pape Nicolas Ier aux Bulgares.

Le délit réprimé par le c. 73 est prévu dans

les mêmes termes qui sont employés par le c. 100 du livre IX de la collection du Vatic. 1349 [1].

Le c. 86 semble un abrégé d'une disposition qui figure au livre IX, c. 89 de la même collection [2].

Le c. 92, sur l'obligation pour les clercs d'assister aux heures canoniques, qui se rattache par le principe qui y est posé à d'anciens textes tels que le c. 63 des *Capitula* de Martin de Braga, est reproduit dans le c. 165 du livre IX du Vatic. 1349.

En somme, on reconnaît dans ces dispositions une influence, à la vérité assez problématique, des *Responsa* de Nicolas Ier, et surtout une certaine parenté avec la collection canonique italienne en neuf livres contenue dans le Vatic. 1349.

CHAPITRE III

De cet examen se dégagent des conclusions analogues à celles auxquelles nous a conduits l'étude du Vallicellanum II[um]. Le Pénitentiel du Mont-Cassin est surtout tiré des pénitentiels francs, avec additions de quelques canons qui figurent dans les collections italiennes. Or, les recueils francs ayant circulé en Italie, il en résulte que le Pénitentiel du Mont-Cassin paraît être une œuvre rédigée en Italie, après la diffusion des collections franques dans cette contrée, et sans doute aussi après le pontificat de Nicolas Ier [3], c'est-à-dire à la fin du IXe siècle

---

1. Dans notre texte : *Si quis patri aut matri injuriam fecerit...* — Dans le Vatic. 1349 : *Si quis patri aut matri sue injuriam fecerit...* Cf. Schmitz, II, p. 245.

2. Cf. Schmitz, II, p. 240. La disposition du Pénitentiel *Casinense* est ainsi conçue : *Si quis sanguinem qualemcumque comederit, XL dies peniteat.*

3. Voir ci-dessus.

ou même au x°. Il serait aussi à peu près contemporain de la collection du Vatic. 1349. Peut-être a-t-il été rédigé au Mont-Cassin, où en a été conservé le manuscrit.

En tout cas, l'immense majorité des textes de ce recueil reflètent la discipline franque, telle qu'elle est codifiée dans les *Capitula Judiciorum Paenitentiae*; nous n'avons donc point le droit d'y voir une expression de la discipline romaine, et par suite c'est à tort que Mgr Schmitz l'a classé dans la catégorie, par lui créée, des pénitentiels Romains.

MACON, PROTAT FRÈRES, IMPRIMEURS.

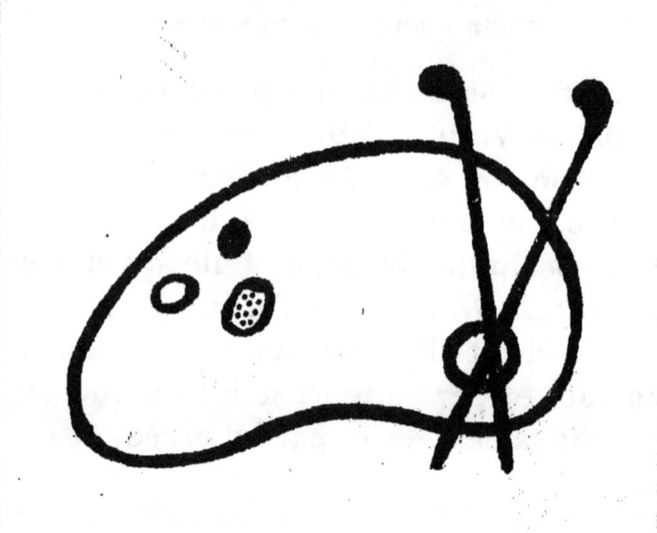

Original en couleur

NF Z 43-120-8